© Adolfo Serra

Adolfo Serra

wurde 1980 in Teruel, Spanien, geboren. Schon von klein auf galt
seine Leidenschaft der Malerei und so nahm er ein Kunststudium
in Madrid auf. Er erhielt zahlreiche Auszeichnungen für sein Werk,
unter anderem den Illustrated Album Award **A la Orilla del Viento,**
sowie ein Stipendium für einen Residenzaufenthalt an der
Real Academia Española in Rom.

Impressum:

1. Auflage

© 2020 JUMBO Neue Medien & Verlag GmbH,
Henriettenstraße 42a, 20259 Hamburg.

Alle Rechte vorbehalten

Originaltitel: Una historia diferente

© Editorial Libre Albedrío, 2017 (www.editoriallibrealbedrio.com)

© Text und Illustrationen: Adolfo Serra

© Translated edition published in compliance with Book149 Literary Agency

Ins Deutsche übertragen von Nina Bitzer, 2020

Lektorat: Nina Bitzer • Grafische Bearbeitung: Marcelo Marques Porto

Druck: Livonia Print, Ventspils 50, 1002 Riga, Lettland

Die deutsche Bibliothek – CIP-Einheitsaufnahme

ISBN 978-3-8337-4187-6 • www.jumboverlag.de

FSC
www.fsc.org

MIX
Papier aus verantwor-
tungsvollen Quellen
FSC® C002795

Eine andere Geschichte

Adolfo Serra

Manchmal ist die Welt sehr klein.

Ein andermal ist die Erde riesig.

An diesen Tagen ist die Sonne nur ein
klitzekleiner, weit entfernter Feuerpunkt.

Manchmal gehen wir unter ...

...aber wir können auch fliegen.

Wir finden Ruhe, weit weg von allem.

Oder suchen Nähe und sind
gern mit anderen zusammen.

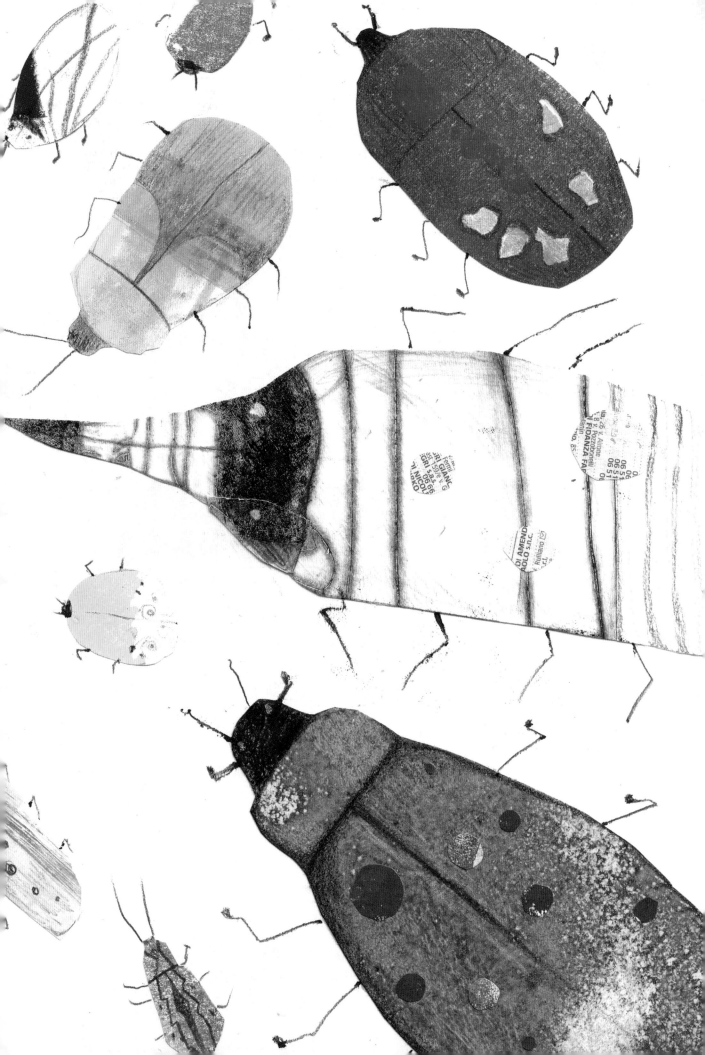

Dann, wenn du gar nicht
daran denkst, treffen wir uns.

Wir sehen uns an.

Und wir verstehen,
dass wir einzigartig sind.

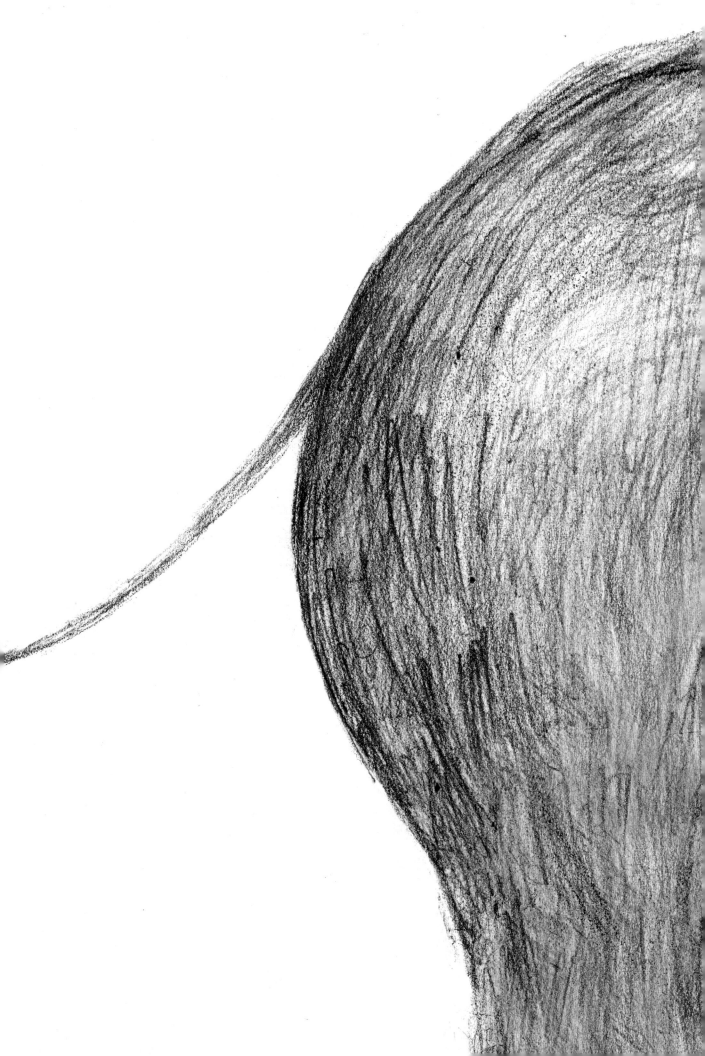

Anders, als alle anderen.

Und trotz allem ...

... sind wir doch so gleich.